SP
Short Stori
Level 1

**Polyglot Resources
AND
Susan Flores**

© Copyright 2017 by Polyglot Resources
All rights reserved.

This document is geared towards providing exact and reliable information in regards to the topic and issue covered. The publication is sold with the idea that the publisher is not required to render accounting, officially permitted, or otherwise, qualified services. If advice is necessary, legal or professional, a practiced individual in the profession should be ordered.

In no way is it legal to reproduce, duplicate, or transmit any part of this document in either electronic means or in printed format. Recording of this publication is strictly prohibited and any storage of this document is not allowed unless with written permission from the publisher. All rights reserved.

The information provided herein is stated to be truthful and consistent, in that any liability, in terms of inattention or otherwise, by any usage or abuse of any policies, processes, or directions contained within is the solitary and utter responsibility of the recipient reader. Under no circumstances will any legal responsibility or blame be held against the publisher for any reparation, damages, or monetary loss due to the information herein, either directly or indirectly.

The trademarks that are used are without any consent, and the publication of the trademark is without permission or backing by the trademark owner. All trademarks and brands within this book are for clarifying purposes only and are the owned by the owners themselves, not affiliated with this document.

ISBN-13:978-1978091757

ISBN-10:1978091753

Table of Contents

1 UNA NUEVA PASIÓN

2 CUESTIÓN DE ACTITUD

3 OBTENGA EL EMPLEO DE SUS SUEÑOS

4 UN CAMBIO EN SUS VIDAS

5 SABORES DE IBEROAMÉRICA

6 MÁS QUE APARIENCIAS

7 SABOR MUSICAL

8 EL ESPAÑOL: UN IDIOMA MUY EXTENDIDO

1 Una nueva pasión

1 A new passion

Vocabulary / Vocabulario	
Painkillers	Analgésicos
Team	Equipo
Exercise	Ejercicios
Hate	Detestar
Sweat	Sudar
Gasp	Jadear
Calm	Calmar
Pain	Dolor
Activity	Actividad

Sentence structure / Estructura de oraciones

1. "Laura estaba enferma" – Subject (Laura). Verb (estaba). Adjective (enferma). Example: "Laura sintió incomodidad".

2. "Dijo el supervisor amigablemente" – Verb (dijo). Subject (el supervisor). Adjective

(amigablemente). Example: "dijo Mónica preocupada".

3. "La examinó el médico" – Noun (la). Verb (examinó). Subject (el médico). Example: "le dolía la espalda".

4. "El médico le recomendó ejercicios físicos" – Subject (el médico). Verb (recomendó). Object (ejercicios físicos). Example: "Mónica le recomendó buscar una actividad".

5. "Detesto sudar demasiado" – Subject (omitted due to the verbal conjugation). Verb (detesto). Demasiado (adjective). Example: "Parece difícil para mí".

Laura estaba enferma. Le dolía la espalda y dormía mal. Sentía ansiedad constante.

Laura was sick. Her back ached, and she was sleeping bad. She felt a constant anxiety.

Una mañana, despertó más adolorida. Cansada de esta situación, decidió ir al doctor.

One morning, she woke up more sore (then before). Tired of this situation, she decided to go to the doctor.

La examinó el médico, y le recetó analgésicos. Además, el médico le recomendó ejercicios físicos.

The physician examined her, and he prescribed her some painkillers. Also, the physician recommended her to do physical exercises.

Laura sintió incomodidad. Ejercitarse era lo que más detestaba.

Laura felt discomfort. Exercising was the thing that she hated the most.

No hacía actividad física desde que era una estudiante. Detestaba jadear y empaparse en sudor.

She did not do physical activities since she was a student. She hated to gasp (out of breath) and get soaked with sweat.

El doctor le dijo a Laura que los analgésicos solamente calmaban el dolor, pero no curaban su enfermedad.

The doctor told Laura that painkillers just calm the pain, but they do not cure her illness.

Laura asintió y se despidió del médico.

Laura nodded and said goodbye to the physician.

Al llegar a su casa, Laura recibió la visita de su amiga Mónica.

When she arrived to her house, Laura received a visit from her friend Monica.

A Mónica le preocupaba la salud de Laura, ya que supo que estaba enferma.

Monica was concerned about Laura's health, since she learned that she was ill.

Laura le contó sobre su visita al médico.

Laura told her about her visit to the physician.

"No entiendo por qué detestas ejercitarte", dijo Mónica preocupada.

"I do not understand why do you hate to exercise", said Monica, concerned.

"Yo no puedo dejar pasar un solo día sin entrenar".

"I cannot let a single day pass without training".

"Detesto despertarme con los músculos adoloridos, y no me gusta sudar demasiado. Siento que es un castigo".

"I hate to wake up with sore muscles, and I don't like to sweat too much. I feel that it is a punishment".

"Es una necesidad. Es para mejorar tu salud", replicó Mónica.

"It is necessary. It is to enhance your health" replied Monica.

Mónica le recomendó a Laura buscar una <u>actividad</u> que le guste.

Monica recommended Laura to search for an activity that she likes.

Laura aceptó la recomendación de su amiga Mónica.

Laura accepted the recommendation from her friend Monica.

Luego de despedirse de su amiga, Laura comenzó a navegar en la red.

After saying goodbye to her friend, Laura began to surf in the web.

Las <u>actividades</u> físicas disponibles en su localidad eran: un gimnasio de musculación. "<u>Detesto</u> <u>sudar</u> <u>demasiado</u>", pensó Laura;

The physical activities that were available in her locality, were: a muscle-building gym "I hate sweating too much", Laura thought;

Un equipo de softbol femenino, "tampoco me gusta. Implica asolearme y además odio ensuciarme con tierra"; y clases de boxeo. "Parece peligroso para mí".

A female softball team "I also dislike it. It implies sunning and I also hate to get dirty with earth"; and boxing classes "it seems to be too dangerous for me".

Esa noche, Laura descansó un poco mejor, ya que su dolor se calmó.

That night, Laura rested a bit better, since her pain calmed down.

Al día siguiente, fue a trabajar. Su supervisor presentó a una nueva compañera de trabajo, Clara.

On the next day, she went to work. Her superintendent introduced Clara, a new co-worker.

"Buenos días, equipo. Permítanme presentarles a Clara Lezama. Ella comienza hoy a trabajar con nosotros. Bienvenida al equipo, Clara".

"Good morning, team. Let me introduce to you Clara Lezama. She is starting to work with us today. Welcome to the team, Clara".

"Mucho gusto. Soy Clara. Estudié Administración en la Universidad Central.

"Nice to meet you. I'm Clara. I studied Management at Central University.

Soy nueva en esta ciudad. Me encanta el sushi y también amo practicar yoga."

I'm new to this city. I love sushi and I also love to practice yoga."

"Te dejo con Laura, para que te explique las actividades de tu puesto",

"I'm leaving you with Laura, for her to explain to you the activities of your position",

dijo el supervisor amigablemente.

the superintendent said with friendliness.

"Gusto en conocerte, Clara" dijo Laura.

"Nice to meet you, Clara" said Laura.

Durante esa mañana, Laura instruyó a Clara sobre las labores del equipo.

During that morning, Laura instructed Clara about the team works.

A la hora del almuerzo, ambas se reunieron para comer y conversar.

At the lunch time, both women joined to eat and talk.

Laura le habló sobre su enfermedad.

Laura talked about her illness.

"El yoga es perfecto para tu espalda. Realmente, es perfecto para todo tu organismo. Además, es genial para la <u>ansiedad</u>", dijo Clara.

"Yoga is perfect for your back. Actually, it is perfect for your whole organism. Also, it is great for anxiety", said Clara.

Laura le respondió: "No me gusta ejercitarme. Odio <u>sudar</u>, <u>detesto</u> los gimnasios, no me gusta <u>asolearme</u>".

Laura answered her "I do not like to exercise. I hate to sweat, I hate the gyms, I do not like sunning".

"El yoga es diferente. Te invito a practicar yoga conmigo. Solo necesitas una colchoneta y ropa cómoda".

"Yoga is different. I invite you to practice yoga with me. You just need a mat and comfortable clothes".

Laura asintió, y ambas acordaron el lugar y la hora. Al terminar la hora del almuerzo, ambas mujeres continuaron trabajando.

Laura nodded, and both women agreed about the place and time. Once the lunch time ended, both women continued working.

A las seis de la tarde, Laura llegó a su cita con Clara. Clara le enseñó a estirar y relajar su cuerpo con distintas posturas de yoga.

At six o'clock in the afternoon, Laura arrived to her appointment with Clara. Clara taught her to stretch and relax her body with different yoga postures (poses).

Laura no jadeó, no sudó y no se asoleó. Por el contrario, se sintió muy contenta y relajada.

Laura did not gasp (get out of breath), did not sweat and did not sun (tan). By contrast, she felt very happy and relaxed.

Ella descubrió una nueva pasión y además, consiguió una nueva amiga.

She discovered a new passion and also, she found a new friend.

2 Cuestión de actitud

2 A matter of attitude

Vocabulary / Vocabulario	
Perfect	Ideal
Leader	Líder
Boss	Jefe
Staff	Personal
Interview	Entrevista
Department	Departamento
Office	Oficina
Excellent	Excelente
Company	Empresa
Application	Solicitud
Select	Seleccionar

Sentence structure / Estructura de oraciones

1. "Él es un líder". Subject (Él). Verb (es). Adjective (un líder). Example: "Fernando es un excelente supervisor"

2. "Creció la empresa". Verb (creció). Subject (la empresa). Example: "Terminó la entrevista".

3. "Muchas diferencias existen". Adjective (Muchas). Subject (diferencias). Verb (existen). Example: "Varias solicitudes leyó".

4. "Acepta críticas constructivas". Subject (omitted due to the verbal conjugation). Verb (acepta). Object (críticas constructivas). Example: "No infunde miedo".

5. "El departamento de Recursos Humanos recibió muchas solicitudes de empleo". Subject (El departamento de Recursos Humanos). Verb (recibió). Object (muchas solicitudes de empleo). Example: "La empresa necesitó más personal".

Fernando Valderrama trabaja en Corporación Águila, C.A.
Fernando Valderrama works in Corporación Águila, C.A.

Es supervisor del departamento de Administración.
He is the superintendent of the Administration Department.

Trabaja para esta empresa desde hace 8 años.
He works at this company since 8 years ago.

Hace dos años, ascendió al cargo de supervisor.
Two years ago, he was promoted to the position of superintendent.

Fernando es un excelente supervisor.
Fernando is an excellent superintendent.

La empresa mejoró su desempeño bajo la supervisión de Fernando.
The company enhanced its performance under Fernando's supervision.

Él es un líder, no un jefe.
He is a leader, not a boss.

Muchas diferencias existen entre ser un líder y ser un jefe.
There are many differences between being a leader and being a boss.

Un líder trabaja como un miembro del equipo. Acepta críticas constructivas.
A leader works as a team member. He accepts constructive criticism.

Un líder da el ejemplo.
A leader sets the example.

Constantemente, motiva al personal a trabajar mejor.
He constantly motivates the staff to work better.

No infunde miedo.
He does not inspire fear.

Corrige los problemas a tiempo o evita que ellos sucedan.
He corrects problems in time, or avoids them from happen.

Gracias a su excelente desempeño, creció la empresa.
Thanks to his excellent performance, the company grew.

La empresa necesitó más personal.
The company needed more staff.

El departamento de Recursos Humanos recibió muchas solicitudes de empleo.
The department of Human Resources received many job applications.

Fernando deseaba escoger al personal ideal.
Fernando aimed to select the perfect staff.

Varias solicitudes leyó.

He read several applications.

Algunas se ajustaban a las necesidades de la empresa.
Some of them matched the company needs.

Pero Fernando sabía que más importantes eran los resultados de las entrevistas.
But Fernando knew that the interview results were more important.

Escogió la solicitud de Carlos Belmonte. Tenía 10 años de experiencia.
He selected Carlos Belmonte's application. He had 10 years of experience.

Hablaba tres idiomas. Estudió en la mejor universidad.
He spoke three languages. He studied at the best university.

Tenía dos postgrados e hizo muchos cursos.
He had two post-graduate degrees and did many courses.

También seleccionó la solicitud de Clara Lezama. Tenía 4 años de experiencia.
He also selected Clara Lezama's application. She had 4 years of experience.

Obtuvo varios reconocimientos.
She earned several awards.

Le dio ambas solicitudes a su asistente.
He handed both applications to his assistant.

Le dijo: "Gigi, por favor, llama a estas personas. Invítalas a una entrevista de trabajo mañana a las 8:30 a.m."
He told her "Gigi, please call these people. Invite them for a job interview tomorrow at 8:30 a.m."

"Sí, señor Valderrama", respondió amablemente Gigi.
"Sure, Mr. Valderrama" kindly said Gigi.

Con curiosidad, Gigi leyó las solicitudes. Al leer la solicitud de Carlos, pensó: "es una persona muy preparada".
With curiosity, Gigi read the applications. When ((she) read Carlos' application, she thought "he is a very qualified person".

Puntualmente, Carlos y Clara llegaron a la entrevista el día siguiente.
On time, Carlos and Clara arrived to the interview the next day.

Carlos llegó diez minutos antes de la hora prevista.
Carlos arrived ten minutes before the expected hour.

Cinco minutos después que Carlos, llegó Clara.
Five minutes after Carlos, Clara arrived.

Carlos permanecía con la cara levantada y la barbilla hacia delante.
Carlos remained with his face raised and his chin ahead (up).

En voz muy baja, le dijo a Clara: "Deben apurarse. Yo odio esperar".
Speaking very quietly, he told Clara "They have to hurry up. I hate to wait".

A las 8:30, Fernando pidió amablemente a Gigi que haga pasar a Carlos a su oficina.
At 8:30, Fernando kindly requested Gigi to make Carlos enter his office.

Carlos entró a la oficina de Fernando.
Carlos entered Fernando's office.

Después de estrechar manos, Fernando comenzó a entrevistarlo.

After shaking hands, Fernando began to interview him.

Carlos contestaba con aburrimiento. Su rostro era inexpresivo.
Carlos answered with boredom. His face remained inexpressive.

Estaba sentado con los brazos cruzados.
He was sitting with his arms folded.

Le dijo a Fernando que él era la persona ideal para el cargo, porque su experiencia y educación eran superiores.
He told Fernando that he was the perfect person for the position, since his experience and education were premium.

Repitió lo que decía su solicitud. Que estudió en una prestigiosa universidad.
He repeated what his application said. That he studied at a prestigious university.

Que hablaba tres idiomas. Que trabajó como Gerente de Administración en García y Belmonte, C.A.
That he spoke three languages. That he worked as an Administration Manager at García y Belmonte, C.A.

Que fue ascendido a Gerente en solo un año.
That he was promoted to Manager in just one year.

Terminó la entrevista.
The interview ended.

Ambos estrecharon sus manos despidiéndose.
Both shook hands, saying goodbye.

Cuando Carlos se fue, Fernando hizo pasar a Clara.
When Carlos left, Fernando made Clara enter.

Clara entró con una sonrisa natural.
Clara entered with a natural smile.

Se sentó frente a Fernando con sus manos sobre el escritorio.
She sat in front of Fernando with her hands on the desk.

Fernando comenzó a entrevistarla.
Fernando begun to interview her.

Clara le contó que era nueva en la ciudad.
Clara told him that she was new in the city.

Le dijo que la empresa donde trabajó era diferente, pero ella estaba dispuesta a aprender cosas nuevas.
She told him that the company where she worked was different, but she was willing to learn new things.

Clara fue amable, espontánea y sencilla.
Clara was kind, spontaneous and easy-going.

Terminó la entrevista, y ambos se despidieron estrechando sus manos.
The interview ended, and both said goodbye by shaking hands.

Cuando Clara se fue, Fernando llamó a Gigi.
When Clara left, Fernando called Gigi.

"Por favor, llama al departamento de Recursos Humanos.
"Please, call the department of Human Resources.

Contrataré a Clara Lezama. Su actitud es la ideal."
I will hire Clara Lezama. Her attitude is perfect."

3 Obtenga el empleo de sus sueños

3 Get the job of your dreams

Vocabulary / Vocabulario	
Curriculum Vitae	Currículum Vitae
Result	Resultado
Employment	Empleo
Advice	Consejo
Useful	Útil
Employer	Empleador
Suitable	Adecuado
Assess	Evaluar

Sentence structure / Estructura de oraciones

1. "¿Desea usted obtener el empleo ideal?". Verb (Desea). Subject (usted). Object (el empleo ideal) Example: "¿Fue usted a varias entrevistas de trabajo, sin obtener resultados?"
2. "Este artículo tiene consejos". Subject (este artículo) Verb (tiene). Object (consejos). Example: "Su currículum vitae es la primera impresión".
3. "Debe lucir ordenado". Subject (omitted). Imperative verb (debe) Verb (lucir). Adjective

(ordenado). Example: "Debe ser claro y conciso".
4. "Muy útil es esta información." Adjective (muy útil). Verb (es). Subject (esta información). Example: "Un producto a la venta es usted".
5. "No se apoye sobre el escritorio". Negative Adverb. (no se). Verb (apoye). Preposition (sobre). Object (el escritorio). Example: "Tampoco se recueste en la silla".

¿Desea usted obtener el empleo ideal?
Do you wish to get the perfect job?

¿Siente que su currículum es ignorado?
Do you feel that your resume is ignored?

¿Fue usted a varias entrevistas de trabajo, sin obtener resultados?
Did you go to several job interviews, without obtaining any results?

Este artículo tiene consejos para ser exitoso al buscar empleo.
This article has advice (tips) to be successful when looking for a job.

Su currículum vitae es la primera impresión
Your Resume is the First Impression

Un currículum vitae refleja las destrezas del candidato.
A resume reflects the dexterities of the candidate.

Su diseño debe llamar la atención.
Its design must attract attention.

Lo mejor es un diseño sobrio pero atractivo.
A sober but attractive design is the best.

Debe lucir ordenado. Debe ser claro y conciso.
It must look tidy. It must be clear and concise.

No debe tener errores ortográficos ni gramaticales.
It must not have spelling nor grammar errors.

Debe reflejar sus habilidades y conocimientos.
It must reflect your skills and knowledge.

¿Le gusta trabajar en equipo?
Do you like to work in a team?

¿Sabe hablar otro idioma?
Do you know how to speak another language?

¿Recibió reconocimientos?

Did you receive any awards?

Muy útil es esta información.
This information is very useful.

Es importante incluir datos actualizados.
It is important to include updated data.

Procure que su currículo solo ocupe una página.
Try to make your resume fits in a single page.

Un producto a la venta es usted.
You are a product to sell.

Carta de Presentación
Presentation Letter

A veces es necesario incluir una carta de presentación.
Sometimes, it is required to include a presentation letter.

La carta de presentación debe ser personalizada.
The presentation letter must be customized.

Debe dirigirse esta carta a la empresa empleadora.
It must be addressed to the employer company.

Usted debe presentarse cordialmente.
You must introduce yourself kindly.

Diga por qué es la persona adecuada para el empleo.
Tell them why you are the suitable person for the job.

Usted no siempre debe incluir esta carta.
You must not (don't have to) include this letter always.

Su Fotografía Refleja su Imagen
Your Picture Reflects your Image

Incluya en su currículum una fotografía actualizada, de un tamaño adecuado.
Include an updated picture in your resume, in a suitable size.

La fotografía debe estar en la parte superior de la página.
The picture must be in the higher side (upper corner) of the page.

Lucir una expresión natural es mejor.
It is better to show a natural expression.

Su pose debe ser normal.
Your pose must be normal.

Sonreír exageradamente no es bueno.
Smiling in an exaggerated fashion is not good.

Tampoco está mal lucir distante.
It is also bad to look aloof.

La iluminación debe ser suave.
The illumination must be slight.

Use ropa adecuada para el empleo solicitado.
Wear suitable clothes for the requested job.

Acuda a un estudio fotográfico profesional.
Go to a professional photo studio.

Esto garantiza mejores resultados.
This guarantees better results.

La Entrevista de Trabajo
The Job Interview

Este es el paso más importante.
This is the most important stage.

Los empleadores requieren evaluar su experiencia.
The employers aim to assess your experience.

También necesitan evaluar su actitud.
They also aim to assess your attitude.

Debe vestir adecuadamente para la ocasión.
Your must dress suitably for the occasion.

Evite lucir desaliñado.
Avoid looking scruffy.

Una perfecta opción es un traje sastre.
A tailored suit is a perfect option.

Use colores neutros.
Wear neutral colors.

Calzar zapatos pulcros.
Wear tidy shoes.

Usar un maquillaje sobrio si usted es mujer.
Wear sober (plain) makeup, if you are a woman.

Póngase un agradable perfume, sin exceder la cantidad.
Put on pleasant perfume, without exceeding in quantity.

Evite lucir muy nervioso.

Avoid looking nervous.

Sea amable y natural, sin ser excesivamente locuaz.
Be friendly and natural, without being excessively loquacious.

Tampoco debe mostrar timidez excesiva.
You don't have to show off nor be excessive shy.

El exceso de seguridad puede confundirse con arrogancia.
The excess self-confidence can be confused for arrogance.

Los empleadores desean que el candidato se una a un equipo.
The employers wish that the candidate can join the team.

Por eso es muy importante que usted tenga buena actitud.
That's why it is very important that you have a nice attitude.

Lenguaje Corporal
Body Language

El lenguaje corporal es muy importante.
The body language is very important.

Lo que no se dice con palabras, se dice con lenguaje corporal.

What is not said with words, is said with the body language.

El lenguaje corporal refleja nuestra personalidad.
Our body language reflects our personality.

También refleja nuestros pensamientos o sentimientos.
It also reflects our thoughts or feelings.

- Estreche la mano. Mire al entrevistador mientras lo hace. Debe estrechar firmemente su mano, sin exagerar.
- *Shake hands. Look at the interviewer while you do this. You must shake their hand firmly, without exaggerating.*

- Su mirada tiene mucho poder. Debe reflejar entusiasmo e interés. Mire a la cara del entrevistador. Evite incomodarlo.
- *Your sight has much power. It must reflect enthusiasm and interest. Look at the interviewer's face. Avoid discomforting them.*

- Evite tocar su cabello. Este gesto refleja falta de interés.
- *Avoid touching your hair. This gesture reflects a lack of interest.*

- Mantenga una buena postura. No se apoye sobre el escritorio. Tampoco se

- recueste en la silla. Manténgase erguido y relajado.
  - *Keep a nice posture. Do not lean on the desk. Neither tilt on the chair. Keep yourself upright and relaxed.*

  - No juegue con bolígrafos, anillos ni otros objetos. Eso refleja nerviosismo.
  - *Do not play with pens, rings or other objects. That reflects nervousness.*

  - Mantenga sus manos a la vista. Preferiblemente, póngalas sobre el escritorio. Este gesto denota confianza y honestidad. Esconder las manos refleja desconfianza.
  - *Keep your hands in plain view. Preferably, put them on the desk. This gesture reflects confidence and honesty. Hiding the hands reflects distrust.*

Estos factores pueden marcar la diferencia entre ser contratado o no.
These factors can make the difference between being hired or not.

Espero que estos consejos sean útiles para usted.
I hope this advice is useful for you.

Póngalos en práctica para notar la diferencia.
Put them into practice to note the difference.

4 Un cambio en sus vidas

4 A change in their lives

Vocabulary / Vocabulario	
Promotion	Ascenso
Beautiful	Hermoso/hermosa
To love	Amar
Proposal	Propuesta
Change	Cambio
Small	Pequeño
Difficult	Difícil
To be born	Nacer

Sentence structure / Estructura de oraciones

1. "Elena tiene un año de edad". Subject (Elena). Verb (tiene). Object (un año de edad). Example: "Luís tuvo excelentes notas".
2. "Ambos se mudaron a Boston recientemente." Subject (ambos) Verb (se mudaron). Object (a Boston). Adjective (recientemente). Example: "Clara y Luís se casaron felizmente".
3. "Clara Lezama es una talentosa administradora". Subject (Clara Lezama). Verb (es). Adjective (talentosa administradora). Example: "Luis es un excelente profesional".

4. "Es dinámico e inteligente." Subject (omitted). Verb (es) Adjective 1 (dinámico). Adjective 2 (inteligente). Example: "Es gordo y curioso".
5. "Finalmente, Luís tomó una decisión". Adjective (finalmente). Subject (Luís). Verb (tomó). Object (una decisión). Example: "Inmediatamente, Luís tuvo varias dudas".

Clara Lezama es una talentosa administradora.
Clara Lezama is a talented administrator.

Ella vive con su esposo Luís Lezama en Boston, Massachusetts.
She lives with her husband Luis Lezama in Boston, Massachusetts

Ambos se mudaron a Boston recientemente.
Both recently moved to Boston.

Clara nació en Uruguay. Ella es muy paciente.
Clara was born in Uruguay. She is very patient.

Se adapta a los cambios. Es una persona relajada y alegre.
She adapts to changes. She is a relaxed and cheerful person.

Ella ama meditar y practicar yoga.
She loves meditating and practicing yoga.

Luís nació en los Estados Unidos. Es dinámico e inteligente.
Luis was born in the United States. He is dynamic and smart.

Él es un poco nervioso. Luís ama jugar fútbol.
He is a bit nervous. Luis loves to play soccer.

Clara y Luís se casaron felizmente hace tres años.
Clara and Luis married happily three years ago.

Ella se graduó hace cuatro años. Estudió en la Universidad Central.
She graduated four years ago. She studied at the Central University.

Clara obtuvo sobresalientes notas.
Clara obtained outstanding marks.

Luís es un excelente profesional.
Luis is an excellent professional.

Hace seis años se graduó.
He graduated six years ago.

Estudió en la Universidad de Jacksonville.
He studied at Jacksonville University.

Luís tuvo excelentes notas.
Luis had excellent marks.

Los Lezama tienen dos hijos.
The Lezamas have two children.

Un enérgico niño, de nombre Santiago, y una niña hermosa de nombre Elena.
A vigorous boy, named Santiago and a beautiful girl named Elena.

El travieso Santiago tiene tres años.
The naughty Santiago is three years old.

Elena tiene un año de edad.
Elena is one year old.

La familia Lezama tiene un perro.
The Lezamas family has a dog.

Su nombre es Destructor.
Its name is Destructor.

Es un poodle.
It's a poodle.

También tienen un gato.
They also have a cat.

Su nombre es Ricardo.
Its name is Ricardo.

Es gordo y curioso.
It is fat and curious.

Ambos fueron adoptados por la familia.
Both of them were adopted by the family.

Hace seis meses, Luís recibió una llamada de la empresa donde trabaja.
Six months ago, Luis received a call from the company where he works.

Le dijeron claramente que era necesario transferirlo a otra ciudad.
They clearly told him that it was necessary to transfer him to another city.

Se le ofreció un buen aumento y un merecido ascenso.
A nice salary increment and a well-deserved promotion were offered to him.

Inmediatamente, Luís tuvo varias dudas.

Immediately, Luis had several doubts.

Boston es una ciudad lejana.
Boston is a distant city.

Luís siempre vivió en Jacksonville.
Luis always lived in Jacksonville.

Pensó que era difícil mudarse con dos niños pequeños.
He thought that it was hard to move with two small children.

También pensó en sus mascotas.
He also thought about their pets.

Cuando Luís le dio la noticia a Clara, ella se alegró.
When Luis told the news to Clara, she got happy.

Clara pensó de manera positiva.
Clara thought in a positive way.

Ella aconsejó a Luís al respecto.
She advised Luis regarding this.

El aumento de sueldo era excelente.
The salary increment was excellent.

El ascenso también era bueno.
The promotion was also good.

Boston es una hermosa ciudad.
Boston is a beautiful city.

Está lejos de Jacksonville, pero durante las vacaciones pueden visitarla.
It is far from Jacksonville, but they can visit it during the holidays.

El jefe de Luís insistió en la propuesta dada.
Luis' boss insisted in the given proposal.

Le dijo que su talento era sobresaliente.
He told him that his talent was outstanding.

Por eso pensó en transferirlo.
Due to that, he thought in transferring him.

Progresó la empresa y era necesario tener un gerente regional en Boston.
The company progressed and it was necessary to have a regional manager in Boston.

Detenidamente, Luís pensó en la propuesta.
Thoroughly, Luis thought about the proposal.

Recordó también los consejos de su esposa.
He also remembered his wife's advice.

Finalmente, Luís tomó una decisión.
Finally, Luis took a decision.

Aceptó con emoción la propuesta.
He accepted the proposal, with excitement.

La pareja escogió una hermosa vivienda en Boston.
The couple chose a beautiful house in Boston.

Tiene un hermoso jardín.
It has a beautiful garden.

Es espaciosa y moderna.
It is spacious and modern.

Está ubicada en un excelente vecindario en Boston.
It is located in an excellent neighborhood in Boston.

La casa está cerca del puerto.
The house is near to the port.

Luís ama el mar.
Luis loves the sea.

Desea comprar un bote.
He wishes to buy a boat.

En Jacksonville, Luís vivía cerca del mar.
Luis lived close to the sea in Jacksonville.

No fue difícil encontrar la casa perfecta.
It was not hard to find the perfect house.

Muchas cosas en Boston son distintas.

Many things in Boston are different.

La familia Lezama se adapta a su nuevo hogar.
The Lezamas family adapt to their new home.

La mudanza les hizo cambiar varios hábitos.
The move made them change several habits.

La oficina está lejos de su casa.
The office is far from their house.

Clara tenía algún tiempo sin trabajar.
Clara had some time without working.

Tenía que cuidar a Elena.
She had to take care of Elena.

Clara comenzó a trabajar.
Clara began to work.

Ella ama su nuevo trabajo.
She loves her new work.

Es difícil ser mamá y trabajar.
It is hard to be a mom and work.

El pequeño Santiago acude a un nuevo preescolar.
The little Santiago goes to a new preschool.

Elena ingresó a una guardería.
Elena entered to a nursery.

Los niños pequeños se adaptan fácilmente a los cambios.
The small children adapt to changes easily.

Las mascotas parecen felices también.
The pets also seem to be happy.

Los Lezama aman a sus mascotas.
The Lezamas love their pets.

Hicieron un esfuerzo y las llevaron a Boston.
They made the effort and took them to Boston.

Toda la familia está feliz por este cambio.
The whole family is happy for this change.

5 Sabores de Iberoamérica

5 Flavors from Ibero-America

Vocabulary / Vocabulario	
Dish	Plato
Beans	Frijoles
Plain	Aplanado
Barbecue	Barbacoa
Fry	Frito
Roast	Asado
Corn	Maíz
Pepper	Pimiento
Cocoa	Cacao
Producer	Productor
Plantain	Plátano
Ingredient	Ingrediente
Fill	Relleno

Sentence structure / Estructura de oraciones

1. "Los iberoamericanos tenemos muchas cosas en común". Subject (los iberoamericanos). Verb (tenemos). Object (muchas cosas en común) Example: "Nosotros compartimos tradiciones europeas, indígenas y africanas". This sentence includes the verb in first plural person, indicating that the speaker is included within the subject (los iberoamericanos).

2. "Los tomates, las papas, el cacao y los pimientos se introdujeron a Europa." Subject (list: Los tomates, las papas, el cacao y los pimientos) Verb (se introdujeron). Object (Europa). Example: "El pollo, el arroz y el cerdo fueron llevados a América desde Europa".
3. "En Chile, el vino es emblemático". Adverb (En Chile). Subject (el vino). Adjective (emblemático). Example: "En México, los sabores fuertes son tradicionales".
4. "Son conocidos los tacos y burritos." Verb (son). Adjective (conocidos). Subject (los tacos y burritos). Example: "Es emblemático el jocón de Guatemala".
5. "Sazonan la carne con chimichurri". Subject (ommitted) Object (la carne). Adverb (con chimichurri). Example: "Es un filete empanizado".

La gastronomía iberoamericana tiene muchos colores y sabores diferentes.
Ibero-American gastronomy has many different colors and flavors.

Los iberoamericanos tenemos muchas cosas en común entre nosotros.
We, the Ibero-American, have many things in common between us.

Nosotros compartimos tradiciones europeas, indígenas y africanas.

We share European, native and African traditions.

Los españoles y portugueses llevaron varios ingredientes desde América hacia Europa.
The Spanish and Portuguese took several ingredients from America to Europe.

Los tomates, las papas, el cacao y los pimientos se introdujeron a Europa desde el continente americano.
Tomatoes, potatoes, cocoa and pepper were introduced to Europe from the American continent.

Llevaron el pollo, el arroz y el cerdo desde Europa hacia América.
They took chicken, rice and pork from Europe to America.

Tenemos una mezcla de culturas.
We have a mixture of cultures.

Sin embargo, cada país tiene su tradición.
However, each country has its tradition.

La gastronomía es parte de nuestra tradición.
Gastronomy is a part of our tradition.

Puedo mencionarte algunos ejemplos:
I can mention you some examples:

En Chile, el vino es emblemático.
Wine is emblematic at Chile.

Allí producen excelentes vinos.
There, they produce excellent wines.

También es típico el ajiaco chileno, una sopa que acompaña al asado.
The Chilean ajiaco is also typical. It is a soup that accompanies the barbecue.

Perú tiene un plato muy apreciado.
Peru has a much appreciated dish.

Es el ceviche. Tienen el ceviche de pescado y el ceviche mixto.
It is ceviche. They have fish ceviche and mixed ceviche.

En México, los sabores fuertes son tradicionales.
The strong flavors are traditional in Mexico.

Son conocidos los tacos y burritos.
Tacos and burritos are known.

También tienen el mole poblano.
They also have the mole poblano.

Es hecho a base de pavo.
It is made from turkey.

El tequila es una bebida mexicana emblemática.
Tequila is an emblematic Mexican drink.

Hablar de Venezuela es hablar de arepas.
Talking about Venezuela is talking about arepas.

Las arepas son tortillas de maíz rellenas.
Arepas are filled corn toasts.

El relleno puede ser: huevos revueltos, carne molida, pescado o queso.
The filling can be: scrambled eggs, ground meat, fish or cheese.

Puedes rellenarlas con cualquier ingrediente salado.
You can fill them with any salty ingredient.

Las arepas pueden ser asadas o fritas.
Arepas can be roast or fried.

Colombia también tiene arepas.
Colombia also has arepas.

Son diferentes a las venezolanas.
They are different to Venezuelan.

Son aplanadas. No son rellenas, acompañan las comidas.
They are plain. They are not filled, they accompany the meals.

La bandeja paisa es un plato típico colombiano.
The bandeja paisa is a typical Colombian dish.

Similarmente, El Salvador nos ofrece las pupusas.
Similarly, El Salvador offers us the pupusas.

Son tortillas de harina de maíz o arroz.
They are tortillas made with corn or rice flour.

Se rellenan con queso, chicharrón, frijoles o pescado.
They are filled with cheese, pork cracklings, beans or fish.

República Dominicana nos trae un plato llamado la bandera.

Dominican Republic brings us a dish named la bandera.

Es arroz blanco con frijoles, plátanos fritos y guiso de pollo o res.
It is white rice with beans, fried plantains and chicken or beef stew.

Es usual comer esto como almuerzo.
It is customary to eat this as lunch.

El silpancho es el plato típico de Bolivia.
The silpancho is the typical dish of Bolivia.

Se prepara con arroz, papas, una rebanada circular de carne, huevos y ensalada.
It is prepared with rice, potatoes, a round slice of meat, eggs and salad.

La palabra silpancho proviene del quechua, significa "aplanado".
The word silpancho comes from quecha language. It means "plain".

Ecuador es un gran productor de plátanos.
Ecuador is also a great plantain producer.

Nos ofrece un plato típico llamado bolón de verde.
It offers us a typical dish named bolon de verde (big ball of green).

Está hecho con plátano verde, previamente asado o frito.
It is made from green plantain, previously baked or fried.

Se hace una masa con el plátano.
A dough is made with the plantain.

A esa masa se le agrega sal, queso o carne. Puede freírse para hacerla más crujiente.
Salt, cheese or meat is added to that dough. It can be fried to make it crunchier.

Es emblemático el jocón de Guatemala. Es una sopa verde.
The jocon is emblematic of Guatemala. It is a green soup.

La palabra jocón proviene del quiché *jok om*, y significa "recado verde".
The word jocon comes from the quiche language jok om, and it means "green message".

Es a base de gallina o pollo, con tomate verde, cebollino, cilantro y pimiento.
It is made from hen or chicken, with green tomato, chive, coriander and pepper.

En Costa Rica, Cuba, Puerto Rico y Panamá, es típico el arroz con pollo.
At Costa Rica, Cuba, Puerto Rico and Panama, rice with chicken is typical.

Es arroz teñido de amarillo (con achiote o azafrán), guisantes, pimentón y pollo entero o desmechado.
It is rice dyed in yellow (with annatto or saffron), green peas, pepper and whole or strained chicken.

Los argentinos y uruguayos son amantes de la carne.
The Argentinean and Uruguayan are meat lovers.

La parrilla es un plato emblemático de ambas naciones. Sazonan la carne con chimichurri.
Barbecue is an emblematic dish of both nations. They season the meat with chimichurri.

El chimichurri es un rico aderezo con un sabor ligeramente picante.
The chimichurri is a tasty dressing with a slightly hot flavor.

El mate es una infusión. Es amarga y se bebe con azúcar o leche.
The mate is a tea. It is bitter and is served with sugar or milk.

Se toma en un vaso diseñado para ello. El vaso también se llama mate.
It is served in a cup designed for this. The cup is also named mate.

Es común encontrar comida similar a la italiana en Argentina y Uruguay.

In Argentina and Uruguay, it is common to find food similar to Italy

Ambos países recibieron muchos inmigrantes italianos durante el siglo XIX.
Both countries received many Italian immigrants during the 19th century,

La milanesa a la napolitana nació en Suramérica. Es típica en Argentina, Uruguay y Paraguay.
The Neapolitan veal Milanese was born in south America. It is typical in Argentina, Uruguay and Paraguay.

Es un filete empanizado cubierto con salsa italiana y queso mozzarella, ¡como una pizza!
It is a breaded fillet covered with Italian sauce and mozzarella cheese, just like a pizza!

Se acompaña con papas fritas.
It is accompanied with French fries.

España es la madre de América Latina. Nos legó muchas cosas.
Spain is the mother of Latin America. It left us many things.

La tortilla de patatas es un plato típico español.
The potato tortilla is a typical Spanish dish.

El gazpacho también es emblemático de España.
The gazpacho is also emblematic of Spain.

Es una sopa fría a base de tomate.
It is a cold soup based on tomatoes.

También es típico el arroz amarillo con pollo o mariscos, conocido en España como paella.
The yellow rice with chicken or seafood is also typical, know in Spain as paella.

España nos legó los deliciosos churros como postre.
Spain left us the delicious churros as dessert.

Son tiras fritas de masa de harina de trigo, cubiertas con azúcar.
They are fried strips of wheat flour dough, covered with sugar.

Les puedes poner arequipe o sirope de chocolate.
You can put arequipe or chocolate syrup on them.

Suelen acompañarse con chocolate caliente.
They often are accompanied with hot chocolate.

Aunque no hablan español, Portugal y Brasil también son iberoamericanos.
Although they do not speak Spanish, Portugal and Brazil are also Ibero-American.

El plato brasileño tradicional es la *feijoada*, a base de frijoles negros.

The brazilian traditional dish is the feijoada, based on black beans.

Se acompaña con cerdo, arroz, plátano frito, col o naranjas.
It is accompanied with pork, fried plantain, collard greens or oranges.

Los portugueses son excelentes panaderos y productores de vinos y de aceites.
The Portuguese are excellent bakers and wine and oil producers.

El bacalao es ampliamente consumido.
The codfish is highly consumed.

Los portugueses tienen más de trescientas recetas para prepararlo.
The Portuguese have more than three hundred recipes to prepare it.

Tenemos muchos platos distintos, pero toda Iberoamérica ama los frijoles y el dulce de leche conocido como arequipe.
We have many different dishes, but the whole Ibero-America loves the beans and the milk candy known as arequipe.

¿Cuál de estos platos probaste? ¿Cuál quieres probar?
Which of these dishes did you try? Which of them do you want to taste?

6 Más que apariencias

6 More than appearances

Vocabulary / Vocabulario	
Glamour	Glamour
Beautiful	Bello/Bella
Elegant	Elegante
Fashion	Moda
Style	Estilo
Occasion	Ocasión
However	Sin embargo
Daily life	Día a día
To prefer	Preferir
Sometimes	A veces

Sentence structure / Estructura de oraciones

1. "Aura es una chica glamorosa". Subject (Aura). Verb (es). Object (una chica). Adjective (glamorosa) Example: "Aura colecciona lentes de sol".
2. "Le fascina la ropa elegante." Subject (Omitted) Verb (le fascina). Object (la ropa). Adjective (elegante). Example: "Le gusta sentir la brisa marina".
3. "Sin embargo, prefiere llevar uñas cortas". Adverb (sin embargo). Subject (omitted). Verb (prefiere llevar). Object (uñas). Adjective (cortas). Example: "En cualquier ocasión, luce elegancia glamorosa".

4. "Aura cuida mucho los detalles." Subject (Aura). Verb (cuida). Adverb (mucho). Object (los detalles). Example: "Aura duerme a diario ocho horas".
5. "Nunca omite las comidas". Subject (ommitted). Negative Adverb (nunca). Verb (omite). Object (las comidas) Example: "No intenta ser perfecta".

Aura es una chica glamorosa.
Aura is a glamorous girl.

Ella es bella y lo sabe.
She is beautiful, and she knows it.

Sin embargo, la belleza está en el ojo de quien la mira.
However, beauty is in the eye of the beholder.

Le fascina la ropa elegante.
She loves elegant clothes.

Se ve elegante todos los días.
She looks elegant every day.

Sin embargo, ella es natural.
However, she is natural.

Su ropa no es la más costosa. Ella sabe combinarla.

Her clothes are not the most expensive. She knows how to match it.

No es una víctima de la moda. Sigue su propio estilo.
She is not a fashion victim. She follows her own style.

Usa la ropa que le gusta y que le luce bien.
She wears the clothes that she likes, and which looks good on her.

Aura colecciona lentes de sol.
Aura collects sunglasses.

La protegen del sol, y también se ven bien.
They protect her against the sun, and they also look very nice.

Los tiene en varios colores, tamaños y estilos.
She has them in several colors, sizes and styles.

En cualquier ocasión, luce elegancia glamorosa.
In any occasion, she shows glamorous elegance.

Incluso cuando usa un atuendo informal.
Even when she wears an informal outfit.

Inclusive en un día cualquiera.
Even in an ordinary day.

Aura cuida mucho los detalles.
Aura takes so much care of the details.

Usa un rico perfume.
She wears a delicious perfume.

Procura usar un perfume de acuerdo a la ocasión.
She tries to wear a perfume according to the occasion.

Tiene un perfume suave para el día a día.
She has a soft perfume for the ordinary days.

También tiene un perfume elegante para salir.
She also has an elegant perfume to go out.

Su cabello luce sano y a la moda.
Her hair looks healthy and trendy.

Usa tintes y tratamientos para su cabello.
She uses dyes and treatments for her hair.

Es largo y brillante.

It is long and shiny.

Le encanta ir al estilista.
She loves going to the stylist.

Ella hizo un curso de maquillaje.
She did a makeup course.

Dice que el maquillaje es un arte.
She says that makeup is an art.

Es como crear un nuevo rostro.
It is like creating a new face.

Cambiar la apariencia usando los colores.
Change the appearance by using the colors.

Sus uñas están siempre cuidadas.
Her nails are always tidy.

Se hace manicura y pedicura.
She does her own manicure and pedicure.

Sin embargo, prefiere llevar uñas cortas.
However, she prefers wearing short nails.

Es difícil trabajar con uñas largas.
It is hard to work with long nails.

Pinta sus uñas con colores brillantes.
She paints her nails with shiny colors.

Cuida su piel, y la protege del sol.
She takes care of her skin and protects it from the sun.

Usa cremas y protectores solares.
She uses creams and sun block lotions.

Antes de dormir se quita el maquillaje.
She takes off her makeup before sleeping.

Esto permite que su piel respire.
This allows her skin to breathe.

No sólo se cuida externamente.
She not only takes care externally.

También cuida su salud.
She also takes care of her health.

Su salud se refleja en su belleza.
Her health is reflected in her beauty.

Aura duerme a diario ocho horas.
Aura sleeps eight hours a day.

Mantiene una postura erguida.

She keeps an upright posture.

Eso la hace lucir más alta. También protege su columna.
This makes her look taller. This also protects her column.

Ella come sanamente. Jamás arriesga su salud.
She eats healthy. She never risks her health.

No está obsesionada con su imagen.
She is not obsessed with her image.

Le fascinan los vegetales.
She loves vegetables.

Los incluye en cada comida.
She includes them in each meal.

Le encantan las frutas.
She loves fruits.

Son su golosina preferida.
They are her favorite sweets.

Incluye proteínas bajas en grasas.
She includes low-fat proteins.

Ella consume poca azúcar refinada.
She consumes little refined sugar.

Come poca harina.
She eats little flour.

Incluye grasas saludables.
She includes healthy fat.

Prefiere alimentos orgánicos.
She prefers organic foods.

Nunca omite las comidas.
She never omits (misses) meals.

A Aura le fascina hacer ejercicios.
Aura loves exercising.

Le encanta andar en bicicleta.
She loves to ride on a bike.

Pasear por la ciudad.
To take a ride through the city.

Al mismo tiempo, se ejercita.
At the same time, she's exercising herself.

Inclusive se relaja de esta manera.
She even relaxes in this way.

Aura mantiene actitudes positivas.
Aura keeps a positive attitude.

Ella sabe que el estrés es dañino.
She knows that stress is harmful.

Procura que las emociones negativas no estropeen su día a día.
She tries to not let negative emotions harm her daily life.

Le fascina respirar aire fresco.
She loves to breathe cool air.

A veces, se cansa de la rutina.
Sometimes, she gets tired of the routine.

Estar en la oficina se hace tedioso para ella.
Being at the office gets tedious for her.

Cumplir un horario, hacer lo mismo día a día.
To follow a schedule, to do the same things every day.

A veces, pasea por el parque.
Sometimes she walks through the park.

Escucha el canto de las aves sobre el silencio infinito.
She listens to the chirping of birds on the infinite silence.

Mira el cielo azul.
She looks at the blue sky.

Observa a las nubes caminar sobre él.
She watches the clouds to walk on it.

Ella ama la naturaleza y los hermosos paisajes.
She loves nature and the beautiful landscapes.

Desea aprender a practicar kitesurf.
She wishes to learn how to practice kitesurfing.

Piensa que es un hermoso deporte.
She thinks that it is a beautiful sport.

Consiste en surfear con una cometa.
It consists in surfing with a kite.

Le gusta sentir la brisa marina.
She likes to feel the sea breeze.

Saltar a toda velocidad sobre las olas le parece emocionante.
She thinks about jumping at a high speed on the waves.

Ama tomar el sol.
She loves sunning.

A veces, escaló montañas.
Sometimes, she climbs mountains.

Es novata en eso, pero lo disfruta mucho.
She's a novice in that, but she enjoys that so much.

Es un ejercicio físico muy exigente.
It is a very exigent physical exercise.

Se siente satisfecha porque lo hace muy bien.
She feels satisfied because she does it very nicely.

Se reúne con un grupo de amigos para escalar.
She gathers with a group of friends to climb.

Para escalar tienen equipos de seguridad.
They have safety equipment to climb.

También tienen un botiquín de primeros auxilios.
They also have a first aid kit.

Comida y agua no pueden faltar.
Food and water cannot be missing.

Es un pasatiempo que le permite socializar.
It is a hobby that allows her to socialize.

También es bueno para trabajar en equipo.
It is also good to work in a team.

Se ayudan unos a otros.
They help each other.

Cuando anochece, todos se reúnen en una fogata.
When the night falls, all of them gather in a campfire.

Comen salchichas y cuentan chistes.
They eat sausages and tell jokes.

Comparten de una forma muy amena.
They share in a very cute way.

Le gusta viajar.
She likes to travel.

Le encanta conocer nuevas culturas.
She loves to know new cultures.

Visitó varios países.
She visited several countries.

Ella desea viajar por el mundo entero.
She wishes to travel through the whole world.

Ella hace amigos cada vez que viaja.
She makes friends each time she travels.

Como a todas las chicas, se relaja yendo de compras.
As like all girls, she relaxes by shopping.

Ama entrar a las tiendas y mirar muchas prendas de vestir.
She loves to enter stores and see many clothes.

Es alegre y le gusta reír.
She is cheerful and likes to laugh.

No es un pecado amar la belleza.
It is not a sin to love beauty.

Le gusta tener una imagen cuidada.
She likes to have a tidy image.

Ella tiene buenos modales.
She has good manners.

Es considerada con los demás.
She is considerate with others.

Procura tener buena actitud.

She tries to have a good attitude.

Ella evita chismes y discusiones sin sentido.
She avoids gossip and nonsense discussions.

Aura no sólo es bella externamente.
Aura is not only externally cute.

Ella también es hermosa internamente.
She is also internally beautiful.

Es encantadora.
She is charming.

No intenta ser perfecta.
She does not try to be perfect.

Sólo quiere dar lo mejor de ella.
She just wants to give the best from herself.

Para sentirse feliz consigo misma.
To feel happy with herself.

Más que su apariencia, Aura cultiva su belleza interior y exterior.
More than her appearance, Aura cultivates her inner and external beauty.

7 Sabor musical

7 Musical flavors

Vocabulary / Vocabulario	
Rhythm	Ritmo
Listen	Escuchar
Dance	Bailar
Popular	Popular
Genre	Género
Musician	Músico
Artist	Artista
Catchy rhythm	Ritmo pegajoso
Extended	Extendido

Sentence structure / Estructura de oraciones

1. "Los países de habla hispana tienen diferentes ritmos musicales". Subject (los países de habla hispana). Verb (tienen). Adjective (diferentes). Object (ritmos musicales). Example: "Wilfrido Vargas, Bony Cepeda y Rubby Pérez son algunos intérpretes de esa época.".
2. "Tienen estilos que los definen." Subject (omitted). Verb (tienen). Object (estilos que los definen). Example: "Se mezcló con el hip-hop".
3. "El ritmo latino más popular es la salsa". Object (el ritmo latino). Adverb. (más popular). Verb (es). Subject (la salsa).

Example: "Otro género popular es el merengue".
4. "Es genial la salsa". Verb (es). Adjective (genial). Subject (la salsa). Example: "Es muy popular el regaetton".
5. "Trujillo quería popularizar el merengue." Subject (Trujillo) Verb *simple past and infinitive (quería popularizar). Object (el merengue). Example: "Los músicos debían componer canciones".

Los países de habla hispana tienen diferentes ritmos musicales.
The Spanish speaking countries have different musical rhythms.

Tienen estilos que los definen. Ellos forman parte de su cultura.
They have styles that define them. They are part of their culture.

Seguramente ya escuchaste a Shakira, Ricky Martin o Marc Anthony.
Surely you already listened to Shakira, Ricky Martin or Marc Anthony.

La música en español tiene más que ofrecer. Te invito a conocer nuestros sabores musicales.
The music in Spanish has more to offer. I invite you to learn our musical flavors.

El ritmo latino más popular es la salsa. Nació al mezclar el son cubano con el jazz y otros géneros caribeños.
The most popular Latin rhythm is salsa. It was born when mixing the son cubano with the jazz and other Caribbean genres.

Fue creada por músicos caribeños que vivían en Nueva York.
It was created by Caribbean musicians who lived in New York.

Para bailar, es genial la salsa. También es perfecta para escuchar.
Salsa is great for dancing. It is also perfect to listen.

Puerto Rico, Venezuela, República Dominicana, Panamá y Colombia tienen grandes intérpretes de salsa.
Puerto Rico, Venezuela, Dominican Republic, Panama and Colombia have great salsa performers.

Comenzó a popularizarse a finales de los años 60. Héctor Lavoe, Oscar de León, Celia Cruz y Dimensión Latina son algunos intérpretes muy apreciados.

It began to grow popular at the late sixties. Hector Lavoe, Oscar de Leon, Celia Cruz and Dimension Latina are some much appreciated performers.

Otro género popular es el merengue. Nació a finales del siglo XIX en República Dominicana.
Meringue is another popular genre. It was born at the end of the 19th century in Dominican Republic.

El merengue era rechazado por las clases sociales altas. Era catalogado como "música vulgar".
The merengue was rejected by the upper social classes. It was considered as "vulgar music".

En los años 30, República Dominicana era gobernada por Rafael Leonidas Trujillo. Trujillo era un dictador de origen humilde.
During the 30s, Dominican Republic was governed by Rafael Leonidas Trujillo. Trujillo was a dictator who came from a modest background.

El merengue era su música favorita. Trujillo quería popularizar el merengue.
Merengue was his favorite music. Trujillo wanted to popularize merengue.

Se asoció con el compositor Luis Alberti. Alberti agregó elementos de jazz al merengue.
He partnered with the composer Luis Alberti. Alberti added jazz elements to merengue.

Este cambio le gustó a la alta sociedad. Trujillo declaró al merengue como baile nacional de la República Dominicana.
The high society liked this change. Trujillo declared merengue as the national dance of Dominican Republic.

Creó escuelas de música y orquestas. Sin embargo, no todo fue bueno.
He created music schools and orchestras. However, not everything was nice.

Trujillo usó la música para glorificar su régimen. Los músicos debían componer canciones en honor a su gobierno.
Trujillo used music to glorify his regime. The musicians had to compose songs honoring his government.

Los que creaban canciones de protesta eran encarcelados.
Those who created protest songs were incarcerated.

Trujillo murió en 1961. Los músicos trujillistas aún eran apreciados por el público.
Trujillo died in 1961. The trujillista musicians stilled being appreciated by the crowd.

Sin embargo, el nuevo gobierno les prohibió tocar canciones sobre Trujillo.
However, the new government prohibited them to play songs about Trujillo.

En la década de los 80, el merengue se hizo muy popular. Wilfrido Vargas, Bony Cepeda y Rubby Pérez son algunos intérpretes de esa época.
In the eighties, merengue became very popular. Wilfrido Vargas, Bony Cepeda and Rubby Perez are some performers of that era.

En los 90 surgió un sub-género del merengue. Se mezcló con el hip-hop y se creó el merengue hip-hop.
In the nineties, a sub-genre of merengue was born. It was mixed with hip-hop and the merengue hip-hop was created.

Entre los intérpretes de merengue hip-hop más apreciados están: Sandy & Papo, Proyecto Uno e Ilegales.
Among the most appreciated merengue hip-hop performers are: Sandy & Papo, Proyecto Uno and Ilegales.

Bailar merengue es simple y divertido. Es muy popular en Latinoamérica y en España.
Dancing merengue is simple and fun. It is quite popular in Latin America and Spain.

La bachata es otro pegajoso ritmo latino. Es una mezcla de bolero, merengue y son cubano.
Bachata is another catchy rhythm. It is a mixture between bolero, merengue and son cubano.

También nació en República Dominicana. Es música sensual, melancólica y romántica.
It also was created at Republica Dominicana. It is sensual, melancholic and romantic music.

Surgió en la década de los 60. Se popularizó en América Latina a finales de los años 80.
It was born in the sixties. It became popular in Latin America in the late eighties.

Actualmente, es muy popular. Algunos artistas de este género son: Juan Luis Guerra, Romeo Santos y Prince Royce.
Currently, it is quite popular. Some artists in this genre are: Juan Luis Guerra, Romeo Santos and Prince Royce.

Ahora, es muy popular el regaetton. Este género se originó en Panamá.
Right now, regaetton is very popular. This genre was created in Panama.

Otras versiones dicen que nació en Puerto Rico. Originalmente, era llamado "reggae en español".
Other versions say that it was born in Puerto Rico. In the beginning, it was called "reggae in Spanish".

Incluye elementos de reggae, dancehall y hip-hop. Comenzó a popularizarse a finales de los años 80.
It includes reggae, dancehall and hip-hop elements. It began to grow popular in the later 80s.

El verdadero auge del regaetton fue a comienzos de la década del 2000, con artistas como Luny Tunes, Noriega y Tego Calderón.
The actual boom of the regaetton was in the early 2000, with artists such as Luny Tunes, Noriega and Tego Calderon.

En la actualidad, el regaetton es muy popular. Algunos artistas de este género son: Maluma, Nicky Jam y Daddy Yankee.
Currently, regaetton is very popular. Some artists in this genre are: Maluma, Nicky Jam and Daddy Yankee.

Argentina y Uruguay crearon el sensual tango. Es un baile y un género musical muy elegante.
Argentina and Uruguay created the sensual tango. It is a very elegant dance and music genre.

Nació en el Río de la Plata, un río compartido por ambas naciones. Proviene de una mezcla entre la milonga, la polka y la habanera cubana.
It was born in Rio de la Plata, a river that is shared by both nations. It comes from a mixture between the milonga, the polka and the habanera cubana.

Surgió a finales del siglo XIX. Incluye temas como: la tristeza, el amor, asuntos sociales, el desengaño amoroso y el deseo sexual.
It was developed in the late 19th century. It includes topics such as: sorrow, love, social issues, love disappointments and sexual desire.

Carlos Gardel, Julio Sosa y Roberto Goyeneche son algunos intérpretes de este pintoresco género musical.
Carlos Gardel, Julio Sosa and Roberto Goyeneche are some performers of this colorful musical genre.

De Andalucía, España, proviene el flamenco. Es otro pegajoso baile y género musical.

Se originó en el siglo XVIII. Se relaciona con la etnia gitana.
Flamenco comes from Andalusia, Spain. It is another catchy dance and musical genre. It was born in the 18th century. It is related to the gypsy ethnicity.

Es muy popular en Latinoamérica y en España. También lo es en Japón, donde hay más academias de flamenco que en España.
It is quite popular in Latin America and Spain. It is also popular in Japan, where there are more flamenco schools than in Spain.

El flamenco es un género muy pintoresco. Es versátil, y se puede combinar con muchos estilos: pop, rock, regaetton, baladas, heavy metal, salsa, merengue, etcétera.
Flamenco is a very colorful genre. It is versatile, and can be combined with several styles: pop, rock, regaetton, ballads, heavy metal, salsa, merengue, and etcetera.

Diego el Cigala, Camarón de la Isla y Paco de Lucía son algunos de sus mejores intérpretes.
Diego el Cigala, Camaron de la Isla and Paco de Lucia are some of its best performers.

La cumbia proviene del folclore colombiano. Es resultado del mestizaje entre indios, africanos y españoles.
Cumbia comes from Colombian folklore. It is the result of the crossbreed between natives, African and Spaniards.

En los años 40, se extendió por América Latina. Ahora la cumbia no solo pertenece a Colombia.
In the 1940, it spread through Latin America. Now, cumbia not only belongs to Colombia.

Muy buenas cumbias se hacen en Argentina, Chile, Bolivia, Perú, Ecuador, Venezuela y México.
Very nice cumbias are made in Argentina, Bolivia, Peru, Ecuador, Venezuela and Mexico.

¡Nosotros también sabemos rockear! Tenemos muy buenos artistas de rock en español.
We also know how to rock! We have very nice artists of rock in Spanish.

El rock en español nació a finales de los años 50. Surgió con artistas que cantaban en español los éxitos del de rock n'roll.
Rock in Spanish was born in the late 50s. It arrived with artists that sang rock n' roll hits in Spanish.

El primer gran éxito del rock n'roll en español fue "La Bamba" de Richie Valens. Valens tomó un tema folklórico mexicano y lo convirtió en rock n'roll.
The first great hit of rock n' roll in Spanish was "La Bamba", by Richie Valens. Valens took a folkloric Mexican song and turned it into rock n' roll.

En los años 60, el guitarrista mexicano Santana mezcló el rock con ritmos latinos.
In the sixties, the Mexican guitarist Santana mixed the rock music with Latin rhythms.

Pescado Rabioso, Sui Géneris y Témpano son exponentes del rock psicodélico y progresivo en español.
Pescado Rabioso, Sui Generis and Tempano are exponents of psychedelic and progressive rock in Spanish.

Durante la década de los 70 se fusionó el rock con el flamenco. A este estilo se le llama rock andaluz. Triana fue una banda emblemática de este género.
During the 70s, the rock was merged with flamenco. This style is named rock andaluz. Triana was an emblematic band of this genre.

En la década de los 80, el punk y el post punk en español tomaron fuerza. Bandas como Siniestro Total, Sentimiento Muerto y Soda Stereo son ejemplos de ello.
In the 80s, punk and post punk in Spanish took strength. Bands as Siniestro Total, Sentimiento Muerto and Soda Stereo are examples of this.

También hay heavy metal en español. Rata Blanca es un excelente ejemplo.
There is also heavy metal in Spanish. Rata Blanca is an excellent example.

Mago de Oz mezcla el heavy metal con melodías celtas, y Medina Azahara hace lo propio con el flamenco.
Mago de Oz mixes heavy metal with Celtic melodies, and Medina Azahara does the same with flamenco.

El pop latino nace de la mezcla entre el pop anglosajón y las baladas, con estilos latinos como el bolero, el flamenco y otros.
The Latin pop comes from the merge between Anglo-Saxon pop and ballads with Latin styles as bolero, flamenco and others.

Muchos artistas que hablan otros idiomas cantan pop latino en español, como es el caso de los italianos Laura Pausini y Eros Ramazotti.
Many artists who speak other languages sing Latin pop in Spanish, such as the case of the Italians Laura Pausini and Eros Ramazotti.

Emilio Stefan y su esposa Gloria son galardonados compositores y productores de este género.
Emilio Stefan and his wife Gloria are awarded composers and producers of this genre.

Tenemos muchos estilos musicales, para todos los gustos. Estos son sólo algunos géneros musicales en español.
We have many musical styles, for all likes. These are only some musical genres in Spanish.

¡Anímate a escuchar música en español! Eso te ayudará a aprender mejor nuestro idioma.
Encourage yourself to listen to music in Spanish! That will help you to learn our language better.

Puedes intentar cantar en español. También puedes divertirte bailando.
You can try singing in Spanish. You can also have fun by dancing.

Los latinos amamos bailar.
We, the Latin people, love to dance.

¿Qué género te gusta más? ¿Cuál es tu artista favorito de habla española?
Which genres do you like the most? Which is your favorite Spanish speaking artist?

8 El español: un idioma muy extendido

8 Spanish: A much extended language

Vocabulary / Vocabulario	
Native Spanish Speaker	Hispanohablante
Colony	Colonia
Approximate	Aproximadamente
Population	Población
To settle	Asentarse
Figure (number)	Cifra

Sentence structure / Estructura de oraciones

1. "Es uno de los idiomas." Subject (omitted). Verb (es). Adjective (uno) Example: "Es el segundo idioma".
2. "El idioma español está ampliamente difundido". Subject (El idioma español). Verb (está) Adverb (ampliamente difundido). Example: "El dominio español terminó a consecuencia de esta revolución."
3. "Hay más de 21 millones de estudiantes". Verb (Hay) Adverb (más). Subject (21 millones de estudiantes). Example: "hay más hispanohablantes".
4. "Esta cifra representa un 68%". Subject demostrative (esta cifra). Verb

(representa). Object (un 68%). Example: "Esto atrajo a muchos judíos".
5. "Marruecos logró recuperar el territorio". Subject (Marruecos) Verb 1 (logró) Verb 2 infinitive (recuperar). Object (el territorio). Example: "Esta cifra puede aumentar en el futuro".

El idioma español está ampliamente difundido. Es uno de los idiomas más importantes del mundo.
The Spanish language is widely used. It is one of the most important languages in the world.

Alrededor de 567 millones de personas hablan español. De ellas, aproximadamente 472 millones son hispanoparlantes.
About 567 million people speak Spanish. From them, about 472 million are native speakers.

Es el segundo idioma más hablado del mundo. Según las investigaciones realizadas por el Instituto Cervantes, 6,7% de la población mundial habla español.
It is the second most spoken language in the world. According to the investigations performed by Cervantes Institute, 6.7% of the world's population speaks Spanish.

Esta cifra puede aumentar en el futuro, alcanzando un 7,5% de la población mundial.
This figure can grow in the future, reaching about 7.5% of the whole world population.

Hay más de 21 millones de estudiantes del idioma español. Cuando se habla sobre el idioma español, mucha gente piensa en Latinoamérica o en España.
There are more than 21 million students of the Spanish language. When talking about the Spanish language, many people think about Latin America or Spain.

¿Sabías que el idioma español se extendió aún más?
Did you know that the Spanish language is even more widely used?

Estos son algunos países donde el español también es muy importante:
These are some countries where Spanish is also very important:

- GUINEA ECUATORIAL
- *EQUATORIAL GUINEA*

Guinea Ecuatorial es un pequeño país africano. Al principio, era una colonia portuguesa.
Equatorial Guinea is a small African country. At the beginning, it was a Portuguese colony.

Portugal lo cedió a España mediante los tratados de San Ildefonso y El Pardo. A cambio, Portugal recibió a Colonia del Sacramento, en Uruguay.

Portugal gave it to Spain through the Sal Idelfonso and El Pardo agreements. In exchange, Portugal received Colonia del Sacramento, in Uruguay.

En 1926, España decretó la unión de las islas con tierra firme y formó la Guinea Española. Su idioma oficial era el español.
In 1926, Spain decreed the union of the islands with the mainland and formed the Spanish Guinea. Its official language was Spanish.

Guinea Ecuatorial es una república joven. Se independizó de España en 1968. En la actualidad, el español es la lengua oficial de Guinea Ecuatorial.
Equatorial Guinea is a young republic. It became independent from Spain in 1968. Currently, Spanish is the official language of Equatorial Guinea.

También lo son el francés y el portugués.
French and Portuguese are also.

Aproximadamente un 87% de la población ecuatoguineana conoce el idioma español.
About 87% of the equatoguinean population knows the Spanish language.

- BELICE
- *BELIZE*

Belice es una nación centroamericana. Su primera lengua oficial es el inglés.

Belize is a Central American nation. Its first official language is English.

Actualmente, hay más hispanohablantes que angloparlantes. Belice tiene 355.000 habitantes.
Currently, there are more native Spanish speakers than native English speakers. Belize has 355,000 inhabitants.

De ellos, alrededor de 209.000 personas hablan español. Esta cifra representa un 68% de su población. Sin embargo, el castellano es la segunda lengua oficial de Belice.
From them, about 209,000 people speak Spanish. This figure represents about 68% of its population. However, Castilian is the second official language of Belize.

Belice fue una colonia española. En 1821, se independizó de España.
Belize was a Spanish colony. In 1821, it became independent from Spain.

Dependió de México y Guatemala hasta 1861, cuando los ingleses se apoderaron del territorio.
It depended on Mexico and Guatemala until 1861, when the English seized the territory.

La influencia de la cultura hispana continua vigente en la cultura de Belice.
The influence of the Hispanic culture continues to effective the culture of Belize..

- ARGELIA

ARGELIA

Argelia es una nación árabe. Sus lenguas oficiales son el francés, el árabe y varios idiomas bereberes.
Algeria is an Arab nation. Its official languages are French, Arabic and several Berber languages.

Hay más de 200.000 argelinos que hablan castellano. Muchos son hispanohablantes. Otros aprendieron el español.
There are more than 200,000 Algerians who speak Castilian. Many are native Spanish speakers. Others learnt Spanish.

El castellano llegó a Argelia en 1492. En ese año, la corona española impuso el cristianismo como única religión en España.
Castilian arrived to Algeria in 1492. In that year, the Spanish crown imposed Christianity as the only religion in Spain.

Los judíos sefardíes y musulmanes españoles fueron expulsados de España. Ellos llevaron su idioma a Argelia.
Spanish Sephardim Jews and Muslims were expelled from Spain. They took their language to Algeria.

Entre 1936 y 1939, durante la guerra civil española, más desplazados llegaron a Argelia desde España.

Between 1936 and 1939, during the Spanish civil war, more displaced people arrived to Algeria from Spain.

Uno de los principales asentamientos de la lengua española es Orán. Allí se enseña el castellano.
One of the main settlements of the Spanish language is Oran. There Castilian is taught.

El español es lengua co-oficial en la ciudad de Tinduf. En Algeria, existen dos sedes del Instituto Cervantes.
Spanish is a co-official language in the city of Tindouf. In Algeria, there are two headquarters of the Cervantes Institute.

- ANDORRA
- *ANDORRA*

Es también conocido como el Principado de Andorra. Es un pequeño país europeo.
It is also known as the Principality of Andorra. It is a small European country.

Está ubicado en los Pirineos, entre España y Francia. Su idioma oficial es el catalán.
It is located in the Pyrenees, between Spain and France. Its official language is Catalan.

El catalán es una lengua romance cuyo origen se presume en Valencia, España.

Catalan is a Romance language whose origin is presumed in Valencia, Spain.

El español es la lengua madre de aproximadamente un tercio de la población andorrana.
Spanish is the mother tongue of approximately one-third of the Andorran population.

Una gran oleada de inmigrantes españoles se asentó en Andorra durante el siglo XX.
A great wave of Spanish immigrants settled in Andorra during the 20th century.

Desde el año 2004, Andorra forma parte de la Organización de Estados Iberoamericanos.
Since 2004, Andorra is part of the Organization of Ibero-American States.

El idioma español también es popular porque gran parte de los turistas que visitan Andorra son españoles. Por eso, muchos andorranos estudian el español.
The Spanish language is also popular because a large part of the tourists who visit Andorra are Spanish. That is why many Andorrans study Spanish.

Alrededor de 68.000 personas hablan español en Andorra.
About 68,000 people speak Spanish in Andorra.

- ARUBA
- *ARUBA*

Aruba es también conocida como "la isla feliz".
Es un pequeño país caribeño.
Aruba is also known as "the happy island". It is a small Caribbean country.

Fue colonia del Reino de los Países Bajos. Sus lenguas oficiales son el neerlandés y el papiamento.
It was a colony of the Kingdom of the Netherlands. Its official languages are Dutch and Papiamento.

Sin embargo, Aruba tiene unos 14.000 hispanohablantes nativos. Alrededor de 80.000 personas aprendieron español.
However, Aruba has about 14,000 native Spanish speakers. About 80,000 people learned Spanish.

Dado que la población total de Aruba es de 110.000 habitantes, es una cifra importante.
Given that the total population of Aruba is 110,000 inhabitants, it is an important figure.

El español es la segunda lengua más hablada en Aruba después del papiamento.
Spanish is the second most spoken language in Aruba after Papiamento.

El vecino más cercano de Aruba en tierra firme es Venezuela. Ambos países sostienen relaciones comerciales.

Aruba's closest neighbor on the mainland is Venezuela. Both countries have trade relations.

También hay muchos venezolanos viviendo en la isla feliz.
There are also many Venezuelans living on the island.

- MARRUECOS
- *MOROCCO*

Es relativamente común encontrar marroquíes hablando español. En 1492, España expulsó a los judíos sefardíes de su nación.
It is relatively common to find Moroccans speaking Spanish. In 1492, Spain expelled the Sephardic Jews from their nation.

Muchos judíos españoles huyeron a Marruecos.
Many Spanish Jews fled to Morocco.

En 1956 se estableció el Protectorado Español al norte y sur de Marruecos. Dos años después, Marruecos logró recuperar el territorio ocupado por España.
In 1956 the Spanish Protectorate was established to the north and south of Morocco. Two years later, Morocco managed to recover the territory occupied by Spain.

Se estima que en Marruecos hay casi 7.000 personas cuya lengua madre es el castellano.
It is estimated that in Morocco, there are almost 7,000 people whose mother tongue is Castilian.

Esta cifra representa alrededor de un 10% de la población de Marruecos.
This figure represents around 10% of the population of Morocco.

La mayoría de los hispanoparlantes marroquíes están en las regiones donde estaba ubicado el protectorado.
Most of the Moroccan Spanish speakers are in the regions where the protectorate was placed on.

- ISRAEL
- *ISRAEL*

La lengua oficial de Israel es el hebreo. La expulsión de los judíos sefardíes de España también trajo consecuencias lingüísticas para Israel.
The official language of Israel is Hebrew. The expulsion of the Sephardic Jews from Spain also brought linguistic consequences for Israel.

Muchos judíos españoles se asentaron en Israel luego de ser expulsados.
Many Spanish Jews settled in Israel after being expelled.

En 1948 se fundó el Estado de Israel. Esto atrajo a muchos judíos latinoamericanos, principalmente argentinos.

In 1948 the State of Israel was founded. This attracted many Latin American Jews, mainly Argentineans.

Aproximadamente 175.000 personas hablan español en Israel.
Approximately 175,000 people speak Spanish in Israel.

- FILIPINAS
- *PHILIPPINES*

Es un país asiático compuesto por varias islas. El español fue su primera lengua oficial.
It is an Asian country made up of several islands. Spanish was its first official language.

Los españoles llegaron a Filipinas en el año 1565. El idioma español fue difundido mediante un sistema educativo.
The Spaniards arrived to the Philippines in 1565. The Spanish language was spread through an educational system.

Este sistema educativo fue atacado por los filipinos durante la Revolución Filipina de 1896. Sin embargo, la Revolución Filipina fue regularizada en español.
This educational system was attacked by the Filipinos during the Philippine Revolution of 1896. However, the Philippine Revolution was regularized in Spanish.

El dominio español terminó a consecuencia de esta revolución.
The Spanish rule ended as a result of this revolution.

En 1973 se creó el Instituto Nacional de la Lengua, estableciendo el idioma filipino como lengua oficial.
In 1973 the National Institute of Language was created, establishing the Filipino language as an official language.

Actualmente, alrededor de 3.000.000 de personas hablan español en Filipinas. Existen también medios de comunicación en castellano.
Currently, about 3,000,000 people speak Spanish in the Philippines. There are also means of communication in Castilian.

El español es idioma oficial en algunas jurisdicciones de Filipinas.
The Spanish is an official language in some jurisdictions in the Philippines.

¿Te sorprende conocer esta información? También podría hablarte sobre otros idiomas que son oficiales en Latinoamérica y España, además del castellano.
Are you surprised to know this information? I could also talk about other languages that are official in Latin America and Spain, besides Spanish.

Por ejemplo, en España no solo se habla español. Son lenguas co-oficiales el catalán, el gallego, el vasco y el aranés.
For example, in Spain not only Spanish is spoken. Catalan, Galician, Basque and Aranese languages are co-official languages.

En México, 67 lenguas indígenas también son oficiales.
In Mexico, 67 indigenous languages are also official.

En Bolivia, son además lenguas oficiales el quechua, el aymará y el guaraní.
In Bolivia, the Quechua, Aymara and Guarani languages are also official languages.

En Paraguay es oficial el idioma guaraní también. En Perú es además oficial el quechua y el aymará.
In Paraguay the Guarani language is also official. In Peru Quechua and Aymara languages are also official.

Printed in Great Britain
by Amazon